AF261661

Lk 9 534

POLITIQUE

DE LA FRANCE ET DES COLONIES

SUR

L'ÉMANCIPATION DES NOIRS

PAR

M. Jollivet,

Membre de la Chambre des Députés.
Délégué de la Martinique.

« En donnant aujourd'hui la liberté complète aux noirs de nos colonies, leur condition dans les premiers temps en serait très empirée.

» Cela est inévitable pendant un temps plus ou moins long, pendant un temps d'autant plus long que les esclaves sont plus mal préparés à la liberté, et les nôtres le sont très mal. » (*Rapport de M. le duc de Broglie.*)

Paris,

IMPRIMERIE DE GUIRAUDET ET JOUAUST,

RUE SAINT-HONORÉ, N° 315.

1848

Première Partie.

Quelle est, quelle doit être la politique du Gouvernement et des Chambres dans la question de l'émancipation des noirs ?

Le gouvernement et les Chambres ont écrit leur politique coloniale dans les lois des 18 et 19 juillet 1845.

Les exposés des motifs, les débats parlementaires ont mis en relief l'esprit et le but de ces lois.

Dans la séance de la Chambre des députés du 4 mai 1844, M. Guizot, ministre des affaires étrangères, disait :

« Le système de l'abolition que recommandent les pétitions dont on vient de faire le rapport, l'abolition *immédiate, actuelle, en masse,* est tellement *impossible,* que je ne sache personne dans cette Chambre qui osât la proposer, etc.

» Si le gouvernement du roi ne la propose pas, c'est qu'il juge qu'elle n'est pas possible ; c'est qu'il juge qu'il y a, soit pour les *colons,* soit pour les *esclaves,* soit pour la *métropole,* des mesures à prendre pour *préparer,* pour amener, pour faire réussir l'émancipation. »

Ce discours de M. Guizot est comme la préface du

projet de loi présenté, dix jours après, le 14 mai, à la Chambre des pairs.

On lit dans l'exposé des motifs :

« Le projet contient une série de mesures ayant pour but de *préparer* la population noire à la liberté, et d'établir les conditions principales du *régime intermédiaire* par lequel les noirs seront *préparés* à prendre place dans la société coloniale. »

On lit encore dans l'exposé des motifs la déclaration formelle : « que la pensée des Chambres, comme celle du gouvernement, est d'écarter tout mode de libération *immédiat et absolu.* »

Le rapport à la Chambre des pairs du 3 juillet 1844 s'associe à cette pensée. L'honorable rapporteur, M. *Mérilhou*, s'exprime ainsi :

« Une émancipation générale et simultanée jetterait tout à coup une population immense dans les dangers de l'oisiveté et frapperait subitement la source de la production.

» Une émancipation graduelle et progressive n'amènera à la liberté que des hommes préparés pour cette grande transformation. »

M. le président Barris, membre de la commission, séance du 10 avril :

« L'émancipation par la voie de l'action gouvernementale, par la voie de catégories résultant d'une dis-

position de la loi, aurait trouvé fort peu de faveur dans
le sein de la commission ; mais nous avons pensé qu'il
fallait arriver à un résultat que nous *sommes encore loin
de pouvoir atteindre :* changer la condition des esclaves
avant de songer à en faire des hommes libres, ne pas
substituer à 100 mille travailleurs 100 mille vaga-
bonds. »

M. de Barante, séance du 9 avril :

« Durant l'émancipation graduelle, les mesures re-
commandées par toutes les opinions, l'instruction religieuse, l'adoucissement de la discipline, *prépareront*
les colonies à une époque de complète émancipation,
époque indéfiniment reculée, et que, *pour le dire franchement, l'opinion française n'appelle pas encore.* »

M. le comte de Montalembert, séance du 7 avril :

« J'accepte avec satisfaction cette loi, comme un
moyen de faciliter l'*initiation* des noirs aux deux bases
de la société : la famille et la propriété. »

M. le comte Portalis, séance du 8 avril :

« Quel est l'objet du projet de loi ? *Préparer* l'abolition pour qu'elle s'effectue sans secousse et sans com-
dromettre les trois grands intérêts qui sont engagés
dans cette grande mesure, à savoir : celui de la liberté,
celui des colons, celui de l'état. »

M. le duc de Broglie, séance du 7 juillet :

« La loi actuelle est une loi de préparation à l'émancipation, loi qui arrivera *un jour* à améliorer la condition des noirs, et à les rendre dignes de la liberté. »

Le projet de loi adopté par la Chambre des députés, tel qu'il avait été voté par la Chambre des pairs, sans amendement, n'a pu changer ni de caractère ni de nature.

On lit dans le rapport du 22 mai 1845 :

« Le projet de loi contient une série de mesures transitoires considérées comme nécessaires pour *préparer* l'esclave à la liberté. »

M. le sous-secrétaire d'état des colonies, séance du 2 juin :

« Convaincu que l'émancipation générale, immédiate, est *impossible* (sensation), nous avons dû adopter un système mixte de transition. »

M. le directeur des colonies :

« Je crois que la loi sera parfaitement jugée si on la considère comme une loi de transaction et une loi de transition :

» Loi de transaction entre les opinions extrêmes, les opinions qui ne veulent pas et les opinions qui veulent tout ; loi de transition, puisqu'elle mène au but *lentement,* mais d'une manière sûre et ferme. »

M. de Carné, membre de la commission, séance du 31 mai :

« L'émancipation progressive réalisera sans péril, par un mouvement continu, ce que l'Angleterre a fait d'une manière trop précipitée.

» Je crois qu'il y a *péril dans l'émancipation simultanée.* Je préfère *la lente* prudence du projet de loi à cette glorieuse aventure (1). »

M. d'Haussonville, rapporteur du deuxième projet de loi :

« Le premier projet se propose d'*initier* les personnes non libres à cette liberté dont le jour ne leur est pas encore officiellement annoncé, mais vers lequel il les achemine, et dont il s'efforce avant tout de les rendre dignes, etc.

» Nos réformes, étant *moins promptes*, auront moins d'éclat; mais leurs résultats seront plus conformes à l'équité, et par là même plus durables. »

Le *pécule légal* et le *rachat forcé* sont les deux plus importantes dispositions de la loi du 18 juillet 1845.

Elles contiennent tout un système d'émancipation. La commission de la Chambre des pairs n'en voulait pas d'autre ni dans le présent ni dans l'avenir, et *M. le*

____

(1) M. de Gasparin, dans son livre *Esclavage et Traite*, avait dit : « Les affranchissements en masse, à jour fixe, sont inconciliables avec les garanties personnelles, et par là même ils sont con-

ministre des affaires étrangères lui-même déclarait (1) :

« Que, s'il était possible, ce qu'il ne croyait pas, d'arriver à l'émancipation totale de l'esclavage par la voie du pécule et du rachat forcé....,

» Ce mode d'émancipation serait le meilleur, puisqu'il dispenserait de toute intervention fâcheuse et onéreuse de l'état..... »

S'il y avait dissidence entre la commission de la Chambre des pairs, qui voyait dans l'institution du pécule et du rachat forcé *une solution complète et définitive de la question*, et le gouvernement, qui laissait entrevoir la nécessité d'une solution ultérieure *dans un temps plus ou moins long* (2), du moins y avait-il accord parfait sur l'importance du pécule et du rachat, sur la nécessité de les laisser fonctionner et d'en attendre les résultats.

M. le rapporteur s'exprimait ainsi dans le supplément du rapport de la commission de la Chambre des pairs du 3 mars 1845 :

« Par la combinaison du *pécule* établie sur une plus large échelle, et du *rachat* devenu un droit légal, nous avons aplani à l'esclave la route qui doit le conduire à la liberté par le travail et l'économie. Ainsi, *au lieu de*

damnés à n'être que des *témérités*, que le succès peut couronner quelquefois, sans les absoudre. »

(1) Séance du 11 avril 1845.

(2) Paroles de M. le ministre de la marine et des colonies, séance de la Chambre des députés du 2 juin 1845.

jeter dans la vie sociale une multitude indigente et paresseuse, la loi projetée appellerait au bienfait de l'émancipation des hommes préparés d'avance, par des habitudes laborieuses, à cette grande transformation. »

M. le ministre des affaires étrangères (1) :

« Quel est le nœud, le nerf de la loi que la Chambre discute en ce moment ?

» C'est *le rachat forcé*. La loi est faite pour donner vigueur et efficacité au rachat; elle établit la formation du pécule, puis l'administration libre dans une certaine mesure du pécule, puis enfin le rachat forcé à la suite de la formation du pécule.

» Non seulement vous voulez établir le rachat forcé, mais vous voulez l'encourager. Pourquoi? Parce que c'est un bon mode d'émancipation, parce que ce mode *d'émancipation successif, long, individuel*, a en lui-même un grand mérite. »

Dans l'exposé des motifs à la Chambre des députés, du 19 avril 1845, M. le ministre de la marine et des colonies disait :

« Par l'effet du projet de loi, la perspective de l'affranchissement apparaîtra à la masse de la population noire comme la *récompense du travail*, de l'ordre et de la bonne conduite, qui recevront ainsi le plus salutaire encouragement. »

(1) **Chambre des pairs, séance du 11 avril.**

M. Agénor de Gasparin, qui a pris une grande part à la discussion du projet de loi, disait, dans la séance du 30 mai :

« J'accepte le principe de la loi. Oui, l'affranchissement par le *rachat* est un principe excellent, civilisateur ; oui, c'est par le travail volontaire qu'il faut arriver au travail libre ; c'est en provoquant le déploiement spontané de l'activité de l'esclave que vous le transformerez en ouvrier : mais il faut que ce grand principe soit appliqué avec énergie pour qu'il produise ses fruits.

» Sans doute, il est dur, je le sens, de dire à des esclaves : « Vous vous rachèterez » ; mais c'est ainsi que la liberté est arrivée dans le monde, et il en est encore ainsi de nos jours : les serfs de la Hongrie parviennent à la liberté par le rachat. »

Le rachat par le pécule étant le but indiqué et accepté de la loi du 19 avril 1845.....

Ne faut-il pas laisser à la loi le temps d'atteindre son but ?

Le pécule peut-il se former dans un jour ?

Oui, s'il est le produit de la débauche et du vol ;

Non, si le pécule est, ce qu'il doit être, le fruit du travail et de l'économie.

Pour que l'esclave ait intérêt à former son pécule, il faut que, pendant une longue période de temps, il ne puisse arriver à la liberté que par le rachat au moyen du pécule.

C'est l'essence même de ce mode d'émancipation *successif, long, individuel* (1).

Si l'esclave a l'espoir d'un affranchissement prochain, d'un affranchissement en masse, d'un affranchissement gratuit, il renoncera à former un pécule; il se gardera, dans tous les cas, d'employer son pécule à racheter sa liberté..... Il attendra que l'état la lui donne.

L'annonce seule d'une émancipation prochaine paralyserait le pécule et le rachat, qui, suivant l'expression de M. le ministre des affaires étrangères, sont le *nœud* et le *nerf* de la loi du 18 juillet 1845.

La loi du 18 juillet 1845 (art. 16) annonce qu'une ordonnance royale pourvoira à l'organisation d'ateliers de travail et autres mesures pour la répression du *vagabondage*.

Le nombre des noirs affranchis ou descendant d'affranchis s'élève, dans les quatre colonies de la Martinique, de la Guadeloupe, de Bourbon et de la Guyane, à près de 100,000.

Quelques uns travaillent, c'est la très petite minorité; l'immense majorité ne travaille pas.

C'est donc dans les colonies surtout que les mesures contre le vagabondage sont urgentes et nécessaires.

Ces mesures sont difficiles, je le reconnais, elles ont besoin d'être mûrement étudiées; mais enfin il faut que l'étude aboutisse, il faut que l'ordonnance sur le vaga-

---

(1) Paroles du ministre des affaires étrangères, M. Guizot.

bondage, promise par la loi du 18 juillet 1845, soit enfin rendue.

Elle est nécessaire pour tout le monde, nécessaire pour les colons, nécessaire pour la cause abolitioniste : car, croyez-le bien, ce qui a empêché les colons de prêter leur concours aux projets d'émancipation, ce qui cause leur légitime inquiétude, c'est le spectacle de 100,000 affranchis ne travaillant pas, se refusant surtout aux travaux de culture. Qu'on dissipe les appréhensions malheureusement fondées des colons, qu'on se mette résolument à l'œuvre, qu'on prenne des mesures contre le vagabondage; et si elles réussissent, si l'on parvient à obtenir du travail des noirs affranchis......., l'affranchissement général ne rencontrera plus d'obstacle.

La loi du 19 juillet 1845, qu'on a nommée, dans les colonies, la *loi des maîtres*, par opposition à la loi du 18 juillet, nommée *loi des esclaves*, ouvre un crédit de 120,000 fr. *pour l'introduction d'ouvriers et cultivateurs européens aux colonies;*

Un autre crédit de 360,000 fr. *pour la formation, par voie de travail libre et salarié, d'établissements agricoles servant d'ateliers de travail et d'ateliers de discipline.*

M. le ministre de la marine et des colonies disait, dans son exposé des motifs :

« Ce crédit est trop modique pour que vous y voyiez autre chose que l'intention de faire *un essai;* nous vous rendrons compte de ses résultats.

» S'ils sont satisfaisants, on pourra s'occuper de compléter une œuvre que dès à présent nous considérons comme une sage mesure de prévoyance. »

Dans la séance de la Chambre des députés du 2 juin 1845, le ministre déterminait d'une manière plus précise le but de la loi du 19 juillet « *l'organisation du travail libre* » :

« Le gouvernement ne pouvait pas prouver d'une manière plus évidente combien le besoin d'organiser le travail, d'y appeler un plus grand nombre de bras, le préoccupe vivement, que par la présentation qu'il a faite à la Chambre, immédiatement après le projet qu'elle discute en ce moment, d'un deuxième projet de loi qui a pour but à la fois d'appeler au travail de la terre dans nos colonies *des hommes libres de tous les pays, et plus particulièrement ceux qui déjà y habitent*, et de les appeler au travail dans les établissements, sur les habitations que régissent des dispositions spéciales, et dans lesquels nous nous efforcerons d'introduire toutes les méthodes de culture les plus propres à réussir dans nos possessions lointaines. »

L'*essai* que le gouvernement a voulu faire à l'aide des crédits votés par la loi du 19 juillet 1845, essai qui, s'il réussissait, aurait résolu le grand problème du *travail libre* dans les colonies, intéresse au plus haut point les colons.

Ils le suivent avec anxiété, ils désirent ardemment le succès : car, ainsi qu'on l'a dit avec raison, nul ne peut vouloir maintenir l'esclavage pour l'esclavage ; et tous les colons s'associent sans réserve à cette profession de foi de l'un de leurs conseils coloniaux : « Nous élèverions des autels à celui qui abolirait l'esclavage, s'il pouvait nous garantir le travail libre ! »

La loi du 19 juillet 1845 promet l'introduction d'ouvriers et de cultivateurs européens aux colonies.

Voyons ce qui a été fait à cet égard.

Le compte-rendu au roi, en mars 1846, apprend :

« Que *vingt* travailleurs européens ont été envoyés à la Guadeloupe, sur la demande de M. Paul Daubrée ; qu'après constatation du départ de ces *vingt* travailleurs, embarqués au Havre en novembre 1845, une somme de 6,000 fr. a été payée à M. Paul Daubrée.

» Tel a été le premier emploi du crédit ouvert par le § 1ᵉʳ de la loi du 19 juillet.

» Le 20 septembre, l'agent de la *Compagnie des Antilles* pour la fabrication du sucre a réclamé l'allocation des frais de passage en faveur de *huit* travailleurs destinés au service des usines que la compagnie posséde à la Guadeloupe. Le paiement de l'allocation a eu lieu.

» Enfin *deux* passages sont en ce moment en voie de concession pour des ouvriers destinés à une usine fondée à la Trinité (Martinique) par MM. Gastel et compagnie, et qui doit fournir aux appareils à vapeur des sucreries les moyens de réparations nécessaires.

» Ces *trois* demandes sont les seules qui se soient jusqu'ici produites avec un caractère sérieux et raisonné. »

On lit dans le *compte-rendu* au roi de mars 1847 :

« J'ai peu de développements à ajouter à ceux que contenait mon rapport de l'année dernière sur l'emploi qui a été fait des fonds consacrés par la loi du 19 juillet 1845 à l'introduction des travailleurs européens aux Antilles. J'ai maintenu les dispositions que j'avais dès lors arrêtées pour l'application de ce crédit spécial, et qui, je dois le rappeler ici, tendaient uniquement à encourager les engagements pour compte direct des propriétaires colons, en réservant entièrement, jusqu'à solution de la question des établissements agricoles, tout ce qui peut se rattacher à l'enrôlement et à l'emploi des travailleurs européens, pour le compte ou du moins par l'intermédiaire de l'administration. Dans cet état de choses, la somme employée jusqu'au 31 décembre dernier, sur le fonds de 120,000 fr. créé par la loi du 19 juillet 1845, ne s'est élevée qu'à 16,400 fr. Elle a servi à payer les frais de passage de cinquante-trois travailleurs, savoir : trois pour la Martinique et cinquante pour la Guadeloupe. La presque-totalité de ces engagés a été destinée pour le service des usines centrales et pour le travail intérieur de ces établissements; je dois ajouter que l'épreuve faite jusqu'à ce jour de leur emploi, dans la seconde des deux colonies, n'a pas donné de résultats satisfaisants, et que beaucoup d'engagements ont déjà été résiliés et suivis de rapatriement. L'épreuve doit cependant être continuée, jusqu'à ce qu'elle s'accomplisse dans des condi-

tions plus complètes et plus décisives ; et le renouvellement du crédit de 1846, déjà consacré, pour 1847, par
la loi de finances, est en partie demandé par mon département dans son budget de l'exercice prochain.

» J'ai d'ailleurs été conduit, par le peu de succès de
cette mesure et par des considérations d'un ordre plus
général, à regretter plus d'une fois, depuis que le crédit dont il s'agit existe, que la loi de 1845 en eût si
expressément réservé l'affectation à l'immigration européenne aux Antilles. Deux de nos colonies, la Guyane
et Bourbon, qui éprouvent le besoin de l'immigration de
la manière la plus pressante, sont ainsi restées en de-
hors de ces encouragements, et, aux Antilles même, il
serait certainement plus utile de pouvoir puiser à des
sources diverses pour multiplier les essais du travail
libre, jusqu'à ce jour demeurés si timides. Je serai sans
doute bientôt amené à soumettre, à cet égard, à Votre
Majesté, des proportions tendant à élargir la voie ouverte
par la loi du 19 juillet 1845. »

Il résulte des *comptes-rendus* que, s'il a été envoyé
quelques mécaniciens et ouvriers européens dans nos
colonies, il n'y a pas été envoyé un seul cultivateur, et,
quant aux ouvriers, que beaucoup d'entre eux ont ré-
silié leurs engagements et ont été rapatriés.

Le gouvernement a donc eu raison de dire que jusqu'ici les essais de *travail libre sont demeurés bien timides*. Il eût été plus exact encore s'il eût dit : Les essais
ont échoué en ce qui touche les *ouvriers européens*.

Il n'y en a point eu en ce qui concerne les *cultivateurs*.

Le gouvernement annonce :

« Qu'il est disposé à élargir la voie ouverte par la loi du 19 juillet 1845, qui restreint les encouragements à l'immigration *européenne;* — qu'il soumettra au roi des propositions. »

Les colonies attendent, et accueilleront ces propositions avec reconnaissance ; mais, en attendant les immigrations européenne, africaine, asiatique..., l'organisation du travail libre dans les colonies n'a pas fait un pas.

Le gouvernement avait annoncé qu'il formerait, par voie de travail libre et salarié, des établissements agricoles servant d'ateliers de travail et d'ateliers de discipline. La loi du 19 juillet 1845 lui a ouvert à cet effet un crédit de 360,000 fr.

Dans son compte-rendu de mars 1846 (page 39),

M. le ministre de la marine et des colonies fait connaître qu'il a été empêché d'exécuter la loi *à la Martinique*, parce que les deux habitations domaniales où il se proposait de former ses établissements agricoles, d'expérimenter le travail libre et salarié, étaient affermées ;

Qu'il en résultait, soit pour la résiliation des baux, soit pour leur renouvellement sur des bases entièrement conformes aux vues du gouvernement, une situation litigieuse qui n'est pas sans gravité, et dont il a à exa-

miner toutes les conséquences avant d'engager son département dans aucune opération effective.

On lit dans le *compte-rendu au roi* de mars 1847 :

« Dans le cours de l'année 1846, ces difficultés, sans
s'être entièrement aplanies, ont perdu nne partie de
leur gravité. Sous le rapport de la destination du revenu
des habitations domaniales, la loi des finances du 5 juillet 1846, relative à l'exercice 1847, a fait disparaître
toute cause d'embarras, en attribuant à l'état ce revenu,
dont l'équivalent a été garanti aux caisses coloniales
par la voie d'une subvention annuelle faite au service
local sur les fonds du service général. En ce qui regarde
le mode d'exploitation des établissements dont il s'agit,
déjà l'administration de la Guyane est rentrée, par suite
d'expiration de bail, dans la gestion directe de l'habitation *la Gabrielle*, à partir du 1ᵉʳ janvier dernier, et il
en sera de même, au mois de mai prochain, de l'habitation *Dolé* à la Guadeloupe. A la Martinique, une in-
stance en résiliation est ouverte, avec toute chance de
succès, contre le fermier de l'habitation *Trouvaillant*,
et déjà l'autorité locale a repris provisoirement la direc-
tion de ce domaine.

» En attendant que les bases sur lesquelles doit être
assise l'exécution de cette partie des lois de 1845 soient
mieux préparées encore, il y avait à mettre à profit cet
intervalle inévitable, pour réunir les autres éléments
d'organisation et de succès que réclame l'accomplisse-
ment des mesures projetées. C'est dans cette vue que

j'ai d'abord confié une mission pour les Antilles à un agronome distingué de la métropole, M. Boutan ; il est chargé d'étudier sur les lieux mêmes toutes les questions qui se rattachent à la transformation des habitations domaniales en établissements agricoles exploités par le travail libre, et à la création des ateliers de travail prévus par l'article 16 de la loi du 18 juillet 1845. Sans être encore en mesure de me rendre entièrement compte des résultats de cette mission, je crois pouvoir compter dès à présent que le gouvernement en obtiendra les résulats qu'il s'en était promis. »

En attendant que le gouvernement se soit rendu compte de la mission de M. Boutan, les établissements agricoles par voie *de travail libre et salarié, servant d'ateliers de travail et d'ateliers de discipline*, restent à l'état de projet.

Il est vrai que le compte rendu au roi constate qu'il n'a rien été dépensé sur le crédit de 360,000 fr. alloués pour cet objet par la loi du 19 juillet 1845 (sauf toutefois les frais de la mission de M. Boutan), et que, sur les 120,000 fr. alloués par la même loi, pour l'introduction d'ouvriers et cultivateurs européens aux colonies, il n'a été dépensé que 16,000 fr.

C'est une bonne fortune pour le trésor.

Mais s'il n'y a eu jusqu'à présent que des projets d'essai et des intentions d'étude, l'organisation *du travail libre* dans les colonies reste toujours à l'état de problème... Et puisque le gouvernement et les Chambres veulent avec raison résoudre le problème du travail libre, avant de détruire le travail esclave, en un mot *faire autrement et mieux que l'Angleterre* (1)... il est permis de conclure que l'émancipation des noirs doit être long-temps encore ajournée.

Comment pourrait-on d'ailleurs supposer au gouvernement et aux Chambres l'intention d'aller au delà des lois des 18 et 19 juillet 1845, quand ces lois n'ont pas même reçu, dans leurs dispositions les plus importantes, un commencement d'exécution,

Quand les ordonnances qui doivent assurer l'exécution de ces lois ne sont pas toutes rendues,

Quand plusieurs décrets coloniaux ne sont pas encore revêtus de la sanction royale?

Le gouvernement et les Chambres, qui ont voulu en 1845 *préparer* l'émancipation des noirs, créer un *régime intermédiaire*, qui se sont prononcés en faveur d'une émancipation *graduelle et progressive*, de réformes *prudentes et lentes*, auraient-ils subitement changé d'opinion, et voudraient-ils aujourd'hui une émancipation *générale* et *simultanée?*

Quelques personnes, dans la métropole et dans les colonies, le croient; d'autres affectent de le croire.

Elles fondent leur croyance sur les discussions qui ont eu lieu dans les Chambres, au sujet des pétitions demandant l'*abolition immédiate de l'esclavage*.

Elles ont, suivant moi, mal apprécié les discussions et

____

(1) Paroles du ministre des affaires étrangères, **M. Guizot.**

les votes de la Chambre des pairs et de la Chambre des députés.

A la Chambre des pairs, *M. le comte Beugnot*, rapporteur, a conclu à l'ordre du jour dans les termes suivants :

« Les pétitionnaires réclament l'abrogation, sinon immédiate, au moins prochaine, d'une loi à peine en vigueur depuis dix-huit mois, à la sincère exécution de laquelle la Chambre des pairs doit prendre un intérêt tout particulier, puisque cette loi est véritablement son ouvrage ; ils appuient leur demande non sur des faits nouveaux et propres à modifier nos opinions, mais sur des considérations générales de justice, d'humanité, de droit, dont certes le gouvernement et les Chambres ont tenu grand compte lors de la discussion et de l'adoption de la loi du 18 juillet 1845, et qui resteront toujours présentes à leur esprit. Dans de telles circonstances, votre comité, tout en rendant justice aux intentions des pétitionnaires, ne peut que vous proposer de passer à l'ordre du jour. »

Un seul orateur, *M. le comte de Montalembert*, a combattu ces conclusions, et a demandé que les pétitions fussent renvoyées au bureau de renseignements, *afin de ne pas frapper d'une sorte de réprobation l'expression d'un vœu légitime et honorable ;* mais tout en convenant *qu'il serait difficile de proposer l'abrogation immédiate d'une loi qui date à peine de dix-huit mois ou deux ans, et dont l'exécution n'offre jusqu'à présent que des résultats sur lesquels l'opinion ne peut être que difficilement fixée.*

M. le baron de Bussière a répondu à M. le comte de Montalembert :

« Personne dans cette Chambre, j'ose le dire, ne prend à la cause de l'émancipation un plus vif intérêt que moi ; personne (et je n'excepte pas l'honorable comte de Montalembert lui-même) ne porte à cette cause un tribut de convictions plus profondes.

» C'est donc avec une satisfaction réelle que j'ai vu, il y a quelques années, le gouvernement du roi s'engager dans un système d'émancipation sagement conçu et parfaitement défini ; c'est avec un véritable bonheur que je l'ai vu, après tant d'hésitations et d'études préparatoires, faire enfin les premiers pas dans la voie si nettement tracée où les deux Chambres se sont empressées d'entrer avec lui. Que cette voie doive nous conduire au but avec quelque lenteur, je ne le nierai pas ; mais du moins elle nous y mène d'une manière sûre, sans violence, sans secousse, et par une série de mesures qui se prêtent l'une à l'autre un mutuel appui. Les dispositions que nous avons votées ne tendent pas seulement à l'affranchissement de l'esclave ; mais, en l'affranchissant par le travail même, elles donnent au présent et à l'avenir des garanties indispensables.

» Nous n'avons pas admis, comme les pétitionnaires, que l'émancipation des noirs pût être un acte indépendant de leur moralisation, indépendant de leur instruction religieuse et élémentaire, indépendant, en un mot, de toutes les conditions qui doivent les préparer à prendre place dans la société coloniale. Nous nous sommes efforcés de satisfaire simultanément à toutes ces conditions; et je reste convaincu, comme je l'étais il y a deux ans, que nous avons choisi le meilleur système, la meilleure route, les meilleurs moyens.

» Mais parlons franchement. Que veulent les pétitions? A quoi nous provoquent-elles? Elles nous provoquent à déclarer que nous nous sommes trompés; elles veulent que le gouvernement du roi change de route, qu'il déclare impuissant ou insuffisant le système pour lequel il s'est prononcé il y a deux ans, avec l'assentiment des deux Chambres, avec l'assentiment (si je ne me trompe) de l'honorable comte de Montalembert lui-même. Je ne pense pas, pour mon compte, que la Chambre soit disposée à faire une déclaration semblable, ou à donner au gouvernement du roi un semblable conseil. Je crois qu'elle mesurera la portée du vote qu'on lui demande, je crois qu'elle en comprendra le danger; je crois qu'elle ne voudra pas du même coup décourager les colons, qui souffrent, et distraire les esclaves, qui travaillent; et, comme le dépôt proposé aboutirait évidemment à ce double résultat, je suis convaincu qu'elle se prononcera pour l'ordre du jour.» (Marques d'approbation.)

Enfin M. le ministre de la marine et des colonies disait :

« Le but des pétitions est évidemment celui que signalait tout à l'heure avec tant de talent mon honorable collègue M. le baron de Bussière. Il vous disait avec une parfaite justice que rien ne serait plus funeste aux colonies que de donner accès dans cette Chambre, et, par suite, dans l'opinion publique, à cette idée que la loi de 1845 était impuissante, qu'il fallait mettre autre chose à la place, qu'il fallait se hâter de briser tout ce que nous avions fait avec tant de soins, avec le concours des deux Chambres, avec une majorité immense dans cette enceinte, avec l'unanimité, presque, dans la Chambre des députés ; qu'il fallait nous hâter de briser cet ouvrage de dix-huit mois pour entrer dans la voie la plus incertaine, la plus périlleuse, voie qu'on n'a jamais indiquée autrement qu'en disant : à tel jour, à tel heure, dans toutes les colonies, l'esclavage sera aboli immédiatement. Tous ceux qui, la veille, s'étaient endormis esclaves, le lendemain se réveilleraient libres.

» Ces choses-là peuvent s'écrire ; mais, pour qui a vu les colonies, pour qui y a demeuré, un tel système est le renversement complet de l'ordre établi. Il porte en lui le danger le plus grave qu'on puisse faire courir à toutes les personnes qui résident dans les colonies, il menace toutes les existences et compromet toutes les fortunes. »

La Chambre des pairs a adopté l'ordre du jour proposé par M. le comte Beugnot, et appuyé par le gouvernement à la presque-unanimité.

Si la Chambre des députés a cru devoir les renvoyer aux ministres, il suffit de lire la discussion qui a eu lieu devant cette Chambre pour rester convaincu que le renvoi n'implique, pas l'abandon de la politique suivie par le gouvernement et les Chambres dans la question coloniale ;

Que la Chambre n'a pas entendu se prononcer contre les lois de juillet 1845 ; contre l'émancipation progressive, préparée.... en faveur de l'émancipation simultanée, immédiate.

Cela résulte des déclarations formelles du gouvernement et du rapporteur de la commission des pétitions.

Le ministre de la marine et des colonies disait dans la séance du 24 avril :

« L'honorable M. de Gasparin, en faisant l'analyse de ces pétitions, a, pour ainsi dire, été d'accord avec le gouvernement pour ne pas admettre les points principaux sur lesquels les pétitionnaires se fondent pour attaquer la loi de 1845, et pour demander que cette loi soit immédiatement remplacée par des actes ayant une tout autre portée et devant amener une émancipation très prochaine, une émancipation complète dans les colonies.

» Mais, Messieurs, ce n'est pas sur le rapport de l'honorable M. de Gasparin que j'ai à me prononcer ; c'est sur les pétitions dont l'honorable M. de Gasparin vous a entretenus.

» Eh bien ! je n'hésite pas à dire à la Chambre que, si

les explications qui ont été données par l'honorable rapporteur, au nom de la commission, sont de nature à présenter la question sous un jour qui, en France, peut complétement rassurer les esprits ; s'il résulte de ces explications qu'il ne s'agit pas de prendre, dans les colonies, des mesures immédiates et violentes, l'admission de ces pétitions par la Chambre aurait aux colonies une tout autre interprétation. (Mouvement.)

» Très décidé à faire exécuter la loi ponctuellement et à la compléter, et fermement persuadé que l'exécution de cette loi peut suffire long-temps encore aux besoins de la situation, je n'hésite pas à dire sincèrement, loyalement, à la Chambre, que je crois que, pour les colonies, la Chambre prendrait une décision qui ne leur serait pas favorable, et qui ne serait pas favorable à l'exécution de la loi de 1845, si elle ordonnait le renvoi qu'on lui demande. »

La Chambre n'a pas pensé qu'il fallût écarter les pétitions par l'ordre du jour.

Elle les a renvoyées au ministre.

Le rapport de M. de Gasparin, dont les conclusions ont été votées par la Chambre, explique la portée de ce renvoi.

On lit dans son rapport :

« Que les lois de juillet 1845 étaient encore *bien ré-* » *centes;* que les modifications profondes que comporte » leur exécution *ne sont pas l'œuvre d'un jour;* que » l'instruction élémentaire et religieuse étaient des me-

» sures préparatoires à l'émancipation ; que, bien que
» les allocations législatives datent de 1839, les *effets*
» *produits sont bien minimes;* que l'organisation du tra-
» vail libre est essentiellement une mesure préparatoire
» à l'émancipation ; qu'*il n'a été rien accompli de sé-*
» *rieux*, et que les fonds alloués par les Chambres, pour
« cet objet, sont restés, à proprement parler, sans em-
» ploi ;

» Que, quant aux autres mesures destinées plus spé-
» cialement à préparer l'émancipation totale des es-
» claves, *elles n'ont pas produit encore d'effet appré-*
» *ciable;* qu'elles exigent un peu de temps pour leur
» entier développement; qu'on ne saurait oublier que,
» quelque juste, quelque saint que soit un devoir, il
» faut les moyens matériels de l'accomplir, et que notre
» situation financière nous impose de grands ménage—
» ments.»

Enfin le rapport déclare : « que la commission,
» tout en demandant le renvoi des pétitions au ministre,
» n'admet pas, dans leurs termes absolus, les conclu—
» sions des pétitionnaires. »

Ce rapport est le commentaire du vote de la Chambre
des députés.

Tout le monde a compris qu'il signifiait :

La Chambre ne veut pas d'*émancipation immédiate.*

La Chambre veut que l'émancipation soit *préparée.*

La Chambre ne veut pas *l'abrogation;* la Chambre
veut l'*exécution* des lois des 18 et 19 juillet 1845.

La Chambre des députés continue donc, comme le gouvernement, comme la Chambre des pairs, de vouloir en 1847 ce qu'elle a voulu en 1845.

Il est vrai que la *Société française pour l'abolition de l'esclavage* veut autre chose. Elle adressait, le 29 août dernier, une circulaire aux conseils généraux, afin *de hâter l'heure de l'émancipation.*

Elle adressait, le 2 octobre, une autre circulaire aux abolitionistes du département pour les engager à organiser, dans chaque arrondissement, des comités ayant pour but de demander l'émancipation *immédiate* et *complète.*

Une petite minorité des conseils généraux a répondu à l'appel de la Société française pour l'abolition de l'esclavage, et il ne paraît pas que jusqu'à présent la Société-mère compte beaucoup d'affiliées dans les départements.

A défaut des conseils généraux, *la Société* provoque les pétitions,... voire même les pétitions des femmes (1); et quand elle aura à grand'peine réuni 15 à 20,000 signatures, elle invoquera le *vox populi*, et sommera le gouvernement et les Chambres d'obéir.

(1) Pour exciter la pitié et la pudeur des dames françaises, la *Société* a dessiné au frontispice de ses circulaires, signées : *Le pair de France, vice-président,* H. Passy, une femme nue, levant au Ciel ses bras chargés de chaînes ; composition où l'odieux le dispute au ridicule, l'emploi des chaînes n'existant plus dans les colonies, et le châtiment corporel étant aboli pour les esclaves du sexe féminin, qui, n'en déplaise à *la Société,* sont vêtues, et mieux vêtues que les femmes de nos cultivateurs.

Je me permettrai de lui remontrer que les 35,000,000 de Français et de Françaises, qui se taisent, malgré ses provocations et ses images, témoignent quelque peu de leur indifférence ;

Que, dans les derniers banquets où l'on a parlé de tant de choses, on n'a pas entendu un seul orateur demander l'émancipation des noirs,... pas même dans le banquet de Chartres, présidé par l'honorable *M. Isambert.*

Je tiens donc pour vrai l'aveu candide de la *Société française* dans sa circulaire du 2 octobre :

« La France n'a pas manifesté son vœu avec assez d'ensemble. »

Et je m'approprie les paroles de M. de Barante à la Chambre des pairs : « Pour le dire franchement, l'opinion française n'appelle pas encore l'émancipation. »

Rien n'oblige donc le gouvernement et les Chambres à dévier de la ligne prudente qu'ils ont adoptée.

Rien non plus n'annonce qu'ils soient disposés à en dévier.

A peu près à la même époque où *la Société* lançait ses circulaires,... le nouveau ministre de la marine, M. le duc de Montebello, adressait la sienne aux gouverneurs de nos colonies.

On y lit :

« Les colonies encore constituées sous le régime de l'esclavage se trouvent dans une période de transition qui appelle d'une manière toute spéciale la sollicitude et les *mûres* déterminations du ministre chargé de les diriger vers un état social. Elles peuvent compter sur une résolution de faire sincèrement *exécuter les lois existantes*, et d'en assurer le développement dans toutes les conditions d'ordre et de progrès. »

Ce langage modéré d'un dépositaire de l'autorité royale, qui promet l'exécution des lois destinées à préparer l'émancipation, contraste avec l'impatience de la *Société*, qui veut l'abrogation de cette loi, l'abolition immédiate et complète de l'esclavage.

Heureusement la *Société* ne représente rien...... qu'elle-même.

Les destinées des colonies ne dépendent point d'une Société irresponsable ; mais du gourvenement du roi et des Chambres.

Le gouvernement et les Chambres devront prendre en grande considération l'exemple des colonies anglaises, ruinées par l'émancipation générale et simultanée des noirs.

La ruine des colonies anglaises est, pour me servir d'une locution empruntée à M. le duc de Broglie, un fait *incontestable* et *incontesté*. Les journaux anglais ont publié, dans les premiers jours de novembre, le mémoire des colons anglais au ministre secrétaire d'état des colonies, et tous en ont reconnu la véracité et l'exactitude :

« 1° Les délégués ne doutent pas de la sollicitude qu'inspire au gouvernement la situation alarmante de ses colonies d'Amérique, et néanmoins ils se voient dans la nécessité de lui représenter que cette situation est telle, qu'elle exige des remèdes immédiats et énergiques. Leur détresse est au comble, et l'avenir offre si peu d'espoir, que leur crédit est entièrement perdu.

» 2° Cette crise déplorable est la conséquence des actes de la législature métropolitaine. Depuis quinze ans, les colonies d'Amérique ont eu à subir une série de mesures sociales et fiscales (les lois sur l'émancipation des noirs et sur les sucres) qui y ont causé un bouleversement complet. La transition de l'esclavage à la liberté, qui, en Europe, a été l'œuvre des siècles, a été précipitée, sans aucune des préparations nécessaires.

» 3° Les preuves que cette révolution sociale a échoué sont évidentes aux yeux de tout observateur impartial.

» Les propriétés ne peuvent plus trouver d'acheteurs; on ne peut réaliser d'emprunts, aux taux les plus élevés, sur gages hypothécaires; chaque année les négociants de la métropole, sans le secours desquels les planteurs des colonies ne peuvent exploiter leurs habitations, voient grossir le chiffre de leurs avances, et se trouvent réduits à l'impuissance de les continuer plus long-temps; les colons, privés de crédit, courent à leur ruine, et les habitations pour lesquelles ils ont fait tant de sacrifices sont déjà, en grand nombre, abandonnées.

» 4° C'est dans ces déplorables circonstances que les délégués des colonies font appel à la sollicitude de Sa Majesté; ils déclarent que dans leur conviction, éclairée par la pratique et l'expérience, les habitations sucrières ne peuvent continuer leur exploitation. »

Un tableau des ventes des habitations à la Guyane anglaise, publié dans la *Revue coloniale* (publication officielle), établit que depuis l'émancipation des noirs la valeur de ces habitations a toujours été décroissante, et qu'elle est aujourd'hui réduite à rien.

On voit en effet que telle habitation qui se vendait avant l'émancipation 55 et 60,000 livres sterling se vend à peine 7, 6, 5, 3000 livres, — et que la vente, même à ce prix, est impossible, aucun acheteur ne se présentant.

Ce tableau de la dépréciation des propriétés de la Guyane depuis l'émancipation s'applique, à une ou deux exceptions près, à toutes les colonies anglaises.

La législation sur les sucres récemment votée par le parlement anglais va encore aggraver leur situation ; bien qu'elle maintienne temporairement une surtaxe sur le sucre étranger, égale à celle qui existe en France.

Nos colonies ont à lutter contre un concurrent non moins dangereux que le sucre étranger, contre un concurrent placé sur le marché même : contre le sucre in-digène.

La concurrence du sucre indigène crée pour nos colonies une situation telle, que, tant qu'elle subsistera, l'émancipation des noirs y est impossible.

Le président de la commission des affaires coloniales, M. le duc de Broglie, reconnaît lui-même cette impossibilité.

On lit dans le rapport de M. le duc de Broglie (1) :

« L'émancipation, avec quelque ménagement qu'elle soit conduite, entraînera nécessairement un certain degré de perturbation dans le travail colonial. La production en souffrira plus ou moins. La production en souffrira moins, nous l'espérons, qu'elle n'en a souffert dans les colonies anglaises ; mais enfin, dans les premiers temps, elle diminuera.

» Il sera indispensable, pendant les années du régime intermédiaire, d'assurer aux colons un prix de leur denrée un peu supérieur au strict nécessaire ; il faudra leur procurer une certaine aisance, ne fût-ce que pour les aider à libérer leurs propriétés ; il faudra, pendant et après l'émancipation, faire porter en partie sur les consommateurs les résultats de la perturbation que cette grave mesure apportera momentanément au travail colonial.

» Introduire l'émancipation sans être en mesure de dominer jusqu'à un certain point le marché national et de faire supporter aux consommateurs une certaine part des difficultés momentanées que l'émancipation fera naître, ce serait envers les colons une extrême injustice.

» On ne saurait guère imposer aux colons les embar-

(1) Rapport de M. le duc de Broglie, p. 255, 256, 257, 258 et 259.

ras d'un régime transitoire, en les laissant exposés aux hasards de cette lutte désespérée..... Ce serait trop de moitié. »

Or, voici l'état de la lutte entre le sucre indigène et le sucre colonial.

La production du sucre indigène, qui, suivant le rapport à la Chambre des députés du 26 avril 1843, ne laissait pas au sucre colonial une place suffisante sur le marché de la métropole s'il dépassait le chiffre annuel de 30,000,000 de kilogrammes, a produit :

De 1844 à 1845 — 36,457,936 kil.
De 1845 à 1846 — 40,546,839
De 1846 à 1847 — 53,795,055

De nouvelles fabriques s'élèvent dans le département du Nord, notamment dans l'arrondissement de Valenciennes; les anciennes fabriques se développent, et il est certain que la campagne prochaine donnera un chiffre beaucoup plus considérable (1), un chiffre qu'on évalue de 65 à 70 millions de kilogrammes.

Encore un ou deux ans d'inaction législative, et le sucre indigène aura entièrement expulsé le sucre colonial du marché métropolitain ; ou, s'il y vient encore (les lois qui régissent les colonies ne lui permettant pas d'aller ailleurs), il s'y vendra à des prix avilis, à des

____

(1) Voir les tableaux mensuels publiés par le *Moniteur*.

prix tels que nos colonies se verront réduites à abandonner la production du sucre, la production qui les
fait vivre.

Les sucres coloniaux se vendent actuellement, au
Havre, 55 francs.

Ils se vendaient 57 francs lorsque le gouvernement
rendit l'ordonnance de dégrèvement du 21 août 1839 ;
le rapport au roi, qui précédait l'ordonnance, déclarait
ce prix « intolérable, entraînant pour les colonies une
» perte énorme, et profondément ruineux lorsqu'elle
» s'applique à la totalité de la production qui seule fait
» exister nos établissements coloniaux. »

Le gouvernement, en déclarant, dans le même rapport, le prix de 57 francs *intolérable, profondément
ruineux*, se trouvait d'accord avec les divers exposés
des lois sur les sucres et les rapports des commissions
parlementaires.

L'exposé des motifs, du 4 avril 1836 (p. 6), fixe le
prix de revient du sucre colonial à 40 francs les 50 kilogrammes, au Havre, à l'entrepôt ;

Savoir :

Au port de la colonie. . . . . 25 fr.
Fret, assurance et commission de la colonie
au Havre. 15
____
Total. . . . . 40 fr.

Le rapport à la Chambre des députés, de M. Dumon,
du 8 mai 1837 (p. 18) ; le rapport à la Chambre des

pairs, de M. le comte d'Argout, du 6 juillet 1837 (p. 41); le rapport à la Chambre des députés, du 12 juin 1838 (p. 7), adoptent le prix de revient de 40 francs.

Personne encore, dit l'exposé des motifs du 1er juin 1839, n'a osé le fixer au dessous de 37 francs 50 centimes.

Le rapport de la commission de la Chambre des députés, du 2 juillet 1839 (p. 21), considère ce prix de revient, ainsi réduit, comme « l'expression sévère, » rigoureuse du besoin colonial, et ne lui donnant » qu'une satisfaction très contestable. »

M. le général Bugeaud, dans son rapport sur la loi de juillet 1840, admettait le prix de revient de. . . . . 37 fr. 50 c.

qui, augmenté du droit 24   75
____

serait de. . . . . 62 fr. 25 c.

En vendant leurs sucres au cours actuel. . . . . 55 fr. » c.
____

les colonies perdent . . . . . . 7 fr. 25 c.
par 50 kilogrammes, 14 francs 50 centimes par 100 kilogrammes.

Les sucres se vendaient 1 franc de plus, 56 francs, lorsque, dans son exposé du projet de loi de 1840, le gouvernement disait : « Ce prix occasionne une perte » *de plus d'un tiers* sur la principale denrée de la pro- » duction coloniale, celle d'où dépendent le salaire des » travailleurs, l'alimentation même de la population.

» Aussi est-ce un triste tableau que celui qui nous
» parvient de la situation des colonies ; et la population
» n'y subsiste plus que par les anticipations précaires
» sur l'avenir. »

Le tableau de nos colonies en 1847 est plus triste
encore qu'en 1840.

Les faillites s'y succèdent, le crédit est perdu, et il
ne reste plus aux colons la ressource de subsister par
des anticipations sur l'avenir.

Est-ce là une bonne situation pour prononcer l'émancipation des noirs dans les colonies, émancipation qui,
de l'aveu de M. le duc de Broglie :

« Avec quelque ménagement qu'elle soit conduite,
entraînerait nécessairement un certain degré de perturbation dans le travail colonial, ferait souffrir plus ou
moins et réduirait la production ? »

La redoutable concurrence du sucre indigène permet-
trait-elle de réaliser les promesses de la commission des
affaires coloniales ? « d'assurer aux colons un prix de
leurs sucres supérieur au strict nécessaire, de leur
procurer une certaine aisance ? »

Ce n'est pas moi qui le dis, mais M. le duc de
Broglie :

« Imposer aux colons les embarras d'un régime
transitoire en les laissant exposés aux hasards de cette
lutte désespérée, *ce serait trop de moitié !* »

Quant au parti à prendre à l'égard des sucres indigènes : la suppression, la limitation, la surtaxe, la diminution du droit sur le sucre colonial, etc., etc., je répéterai encore, avec M. le duc de Broglie : « C'est au gouvernement qu'il appartient de choisir entre les moyens d'arriver au but. »

Mais il y a nécessité de choisir, et de choisir un moyen sûr.

L'industrie sucrière est la seule industrie, l'industrie vitale aux colonies.

Si elle souffre, les colonies souffrent ; si elle dépérit, les colonies périssent. Et je ne puis m'empêcher de rappeler les paroles de M. de Tocqueville, rapporteur d'une commission de la Chambre des députés :

« L'émancipation sera d'autant plus facile, la transition d'un état à l'autre d'autant plus paisible et plus courte, que les propriétaires du sol seront plus riches.

» Tout devient difficile si l'émancipation s'opère au milieu de leur gêne, tout devient périlleux si elle commence au milieu de leur ruine. Il n'y a qu'une société coloniale prospère qui puisse aisément supporter le passage de la servitude à la liberté. »

Si le moment est mal choisi pour faire l'émancipation dans nos colonies, le moment ne serait pas mieux choisi pour la métropole.

Le principe de l'*indemnité* n'a jamais été contesté par personne.

Le gouvernement, les commissions des Chambres,

la commission des affaires coloniales l'ont unanimement proclamé.

Et les rares individualités qui le contestent reconnaissent que, si l'indemnité ne leur paraît pas due à titre de droit, l'équité veut qu'on la donne à titre de transaction.

M. de Lamartine n'admet pas ces distinctions, et il a deux fois fait entendre à la tribune ces généreuses paroles :

« Il faut avoir le courage de l'avouer, la propriété des colons est aussi inviolable que la propriété de votre champ (1).

» Il faut préparer avec générosité et sagesse cette grande expropriation pour cause de moralité publique ; il faut que la métropole soit assez juste, assez politique, pour se présenter avec l'indemnité d'une main, et l'émancipation de l'autre (2) ! »

La commission des affaires coloniales a fixé les bases et le chiffre de l'indemnité.

On lit dans le rapport de M. le duc de Broglie (3) :

« Reste uniquement à déterminer l'étendue du dommage direct, appréciable, qui retombera exclusivement sur les colons ; en d'autres termes, reste à évaluer en argent le privilége que l'émancipation leur enlève, l'a-

(1) Séance de la Chambre des députés du 25 mai 1835.
(2) *Ibid.*, 16 février 1838.
(3) Page 276.

vantage qu'ils perdent en rentrant dans le droit commun.

» Cela n'est ni compliqué ni difficile. La valeur vénale de chaque noir représente exactement le bénéfice que le maître de ce noir tire de sa position de maître, de ses rapports avec son esclave.

» En remboursant aux maîtres la valeur vénale de leurs noirs, on les indemnisera de leur perte directe, appréciable, personnèlle, au prorata de cette perte estimée par eux-mêmes.

» L'étendue du sacrifice qu'exigera ce remboursement dépendra de la valeur moyenne des noirs de tout sexe et de tout âge dont se compose la population servile de nos colonies, multipliée par le nombre de ces mêmes noirs.

» La moyenne relevée dans les dix-neuf colonies anglaises sur les prix de ventes opérées de 1822 à 1830 a été de 1,400 fr. ; mais il faut observer que les enfants au dessous de six ans, dont le nombre est très grand et le prix très modique, se sont trouvés exclus de la série des éléments qui figurent dans cette moyenne, attendu que les enfants au dessous de six ans étaient déclarés libres par l'acte d'émancipation, sans aucune indemnité ; en faisant rentrer cet élément dans la formation moyenne, selon toute apparence elle ne dépasserait pas 1,200 fr.

» Quant au nombre des esclaves de tout sexe dont se compose la population servile de nos colonies, il est, d'après les derniers recensements, d'environ 250,000.

» En multipliant ce chiffre par le chiffre de la valeur moyenne , on voit que l'indemnité à payer est d'environ 300 millions. »

Demandez à l'honorable M. Deslongrais, demandez à tout homme sensé :

Si la France qui vient de contracter, il y a quelques jours, un emprunt de 150 millions, qui gémit sous le poids de la dette flottante , de la dette consolidée et des impôts toujours croissants, est en mesure de voter, soit 300, soit 150 millions, pour l'émancipation des noirs?

Il ne se trouvera pas dans les Chambres un seul pair, un seul député qui réponde : Oui.

Les abolitionistes les plus ardents répéteraient avec M. A. de Gasparin et avec la commission de la Chambre des députés, dont il était l'organe :

« Notre situation financière nous impose de grands » ménagements... Quelque juste , quelque saint que » soit un devoir, il faut les moyens matériels de l'ac- » complir. »

Deuxième Partie.

———

Quelle est, quelle doit être la politique des Colonies et des Conseils coloniaux dans la question de l'émancipation des noirs ?

Je réponds sans hésiter : La politique des colonies doit être la politique du gouvernement et des Chambres.

Les colonies pourraient-elles raisonnablement demander l'émancipation, lorsque le gouvernement et les Chambres l'ont ajournée ? Ajournée *dans l'intérêt des noirs*, qui, de l'aveu des abolitionistes les plus éclairés, ne sont pas mûrs pour la liberté (1).

Dans l'intérêt des colons : le travail libre n'existant pas dans les colonies, et l'organisation du travail libre devant précéder la destruction du travail esclave, dans 'opinion du gouvernement, des Chambres, et des abolitionistes prudents (2).

(1) Rapport du duc de Broglie : « En donnant dès aujourd'hui la liberté complète aux noirs de nos colonies, leur condition, dans les premiers temps, en serait certainement très empirée.

»Cela est irrévocable pendant un temps plus ou moins long, pendant un temps d'autant plus ou moins long, que les esclaves sont plus mal préparés à la liberté, et les nôtres le sont très mal ! »

(2) Voir les déclarations précédemment citées du ministre de la

Dans l'intérêt des colons : vu la situation déplorable que leur fait la concurrence du sucre indigène.

Dans l'intérêt des colons : la métropole, confessant son impuissance actuelle à payer l'indemnité.

Le gouvernement et les Chambres se sont prononcés en faveur d'une émancipation progressive, mûrement préparée.

Ils ont prescrit les mesures préparatoires dans les lois des 18 et 19 juillet 1845.

Exécuter les dispositions de ces lois qui sont onéreuses pour elles, demander l'exécution des dispositions de ces lois qui leur sont favorables :

Telle devait être et telle est la politique des colonies de la *Martinique* et de *Bourbon.*

Telle est, au fond, malgré les apparences, la politique des colonies de la Guadeloupe et de la Guyane française.

Politique du conseil colonial et de la colonie de la Martinique.

Le conseil colonial de la Martinique a fait connaître sa politique, dans la dernière session, en discutant son adresse au gouverneur et son adresse au roi.

marine, du sous-secrétaire d'état, du directeur des colonies, de M. le comte Beugnot, du baron de Bussière, du baron de Barante, du comte de Portalis, de M. Carné, etc.

Le président du conseil colonial de la Martinique, M. le *baron de l'Horme,* disait :

« Les transformations sociales s'opèrent, dans les états qui sont régis avec sagesse et fermeté, par l'action du temps, par des lois sages et modérées qui respectent les bases générales sur lesquelles ces sociétés sont établies, et, sans blesser les droits acquis, déterminent des compensations équitables pour tous les sacrifices que semble réclamer l'intérêt général.

« Il est un autre mode de prétendue régénération pour les peuples, c'est celui des révolutions. Ce moyen, dont on use depuis bien l ong-t. n ans la métropole, commence par l'anarchie, passe par le despotisme, et finit, quand les nations peuvent le supporter en ne disparaissant pas du nombre des états, par le retour à l'ordre et à un gouvernement régulier.

» Espérons, Messieurs, que c'est à ce dernier degré qu'est arrivée la mère-patrie, et que les phases sanglantes par où elle a dû passer pour y parvenir nous seront épargnées.

» C'est donc par les lois que la transformation sociale des colonies aura lieu, puisqu'il est de notre destinée de la voir opérer de nos jours. Reste à examiner maintenant les mesures préparatoires de cette transformation, auxquelles le conseil colonial est appelé aujourd'hui à coopérer. »

M. le président du conseil colonial trouvait, avec raison, que plusieurs de ces mesures étaient exorbitantes, dangereuses... Mais il recommandait la soumission à la volonté de la métropole... l'exécution des lois de juillet.

Le président d'âge, M. *de Crozant*, déclare que les colonies sont perdues, si l'on *précipite* le mouvement de la transformation sociale (1).

M. Assier de Pompignan se prononce en faveur des mesures *préparatoires*, et met au nombre des mesures les plus désirables la moralisation des esclaves par la religion (2).

« L'adresse exprime les besoins d'un avenir prochain . fondations d'établissements agricoles, ateliers de discpline, immigrations de travailleurs libres : telles sont les institutions capables de *continuer* le travail colonial. Vous désirez avec raison y voir coopérer et libres et esclaves. Mais cette coopération *seule* ne suffit pas, à mon avis, pour constituer la *moralisation* de l'esclavage. La moralisation découle d'une source plus pure et plus élevée, la religion. C'est son flambeau sacré qui doit éclairer toute civilisation qui commence. C'est sa morale éternelle qui fait, avant tout, l'homme sociable, sachant respecter les droits acquis et consacrés, et pratiquer tous les devoirs, devenus plus étroits à mesure qu'il avance dans la civilisation.

» Loin donc de dédaigner ce principe puissant, je voudrais qu'il fût consacré dans l'adresse. Je voudrais

(1) Séance du 17 juin 1847.
(2) Séance du 21 juin 1847.

qu'on y exprimât qu'à cet égard, *comme à un grand nombre d'autres, les colons répondent aux vues du gouvernement*. Je voudrais qu'on y maintînt le vœu que l'instruction religieuse concoure, avec la réhabilitation du travail, *à moraliser l'esclavage*. Cette moralisation est le seul soin qui doive nous occuper à l'époque présente, le seul moyen qui nous reste pour rassurer notre future sécurité. »

M. Huc, rapporteur de l'adresse au gouverneur (1) :

« Rassurés par la loyauté de la France, et ne pouvant admettre qu'elle puisse s'associer un jour à des actes de spoliation repoussés par les institutions fondamentales de l'état, par les dispositions mêmes de la loi de juillet et les discussions qui l'ont précédée, nous venons vous déclarer que nous continuerons à vous prêter, pour l'exécution de cette loi, *un concours loyal et résolu.*

» Tandis que nous sommes signalés comme systématiquement opposés à cette loi et aux ordonnances qui la complètent, nous ne cesserons de demander au gouvernements la fondation des établissement agricoles, des ateliers de discipline, les engagements des affranchis, la répression du vagabondage et les immigrations de travailleurs libres de toutes nations.

» Ce sont là les compléments de la loi, ce sont là les essais auxquels nous pouvons nous associer.

» Les travailleurs libres et les travailleurs esclaves

(1) Séance du 24 juin 1847.

mêlés ensemble et concourant au même but, le travail de la terre ainsi enseigné et réhabilité : voilà la moralisation de l'esclavage, et sa sérieuse initiation à une liberté qui, dans d'autres conditions, ne pourrait être que désastreuse.»

M. Huc, après avoir parlé au nom de la commission, ajoute, en son nom personnel, dans la séance du 22 juillet :

« Il importe à toute assemblée délibérante d'avoir une politique; la mienne est aujourd'hui de me rattacher franchement et loyalement aux lois de juillet. »

M. de Prémorant, vice-président du Conseil colonial (1) :

« Si je me suis opposé à toutes les mesures qui pouvaient tendre à l'émancipation, je l'ait fait dans la conviction qu'elle serait moins nuisible aux intérêts des maîtres que funeste aux esclaves eux-mêmes. Ils ne sauront jamais recueillir le moindre fruit de cette liberté qu'on leur promet, si on ne les *y prépare par le goût du travail, de l'ordre et de la religion.* »

M. D'Henriville Duchaxel (2) : « Aujourd'hui qu'une loi de l'état votée pour satisfaire les idées du jour, loin d'atteindre ce but, a fait naître des espérances, des exigences, des impatiences révolutionnaires, il y a néces-

(1) Séance du 22 juillet 1847.
(2) *Ibid.*

sité de soutenir la loi contre les démolisseurs. La législature actuelle, fidèle à son mandat de conservation, remplira ce mandat en aidant le gouvernement, autant qu'elle le pourra, à arrêter cet esprit de destruction dont certains hommes sont dévorés. »

M. le Marquis Duchastel (1) : « Dans votre adresse à Monsieur le gouverneur vous avez réclamé ces compléments de la loi, vous avez demandé l'immigration de travailleurs libres; vous ne sauriez trop insister sur ces points. Ce sont là des essais qui peuvent offrir encore, peut-être, des espérances à l'avenir colonial. Cependant vous avez été accusés à la Chambre des députés de vous opposer à l'exécution de la loi, tandis que le gouvernement seul est en retard dans ce qui peut donner de la force et de la vie à cette loi. »

M. Marchet (2) : « Je viens de dire que j'ai accepté les lois de juillet, et je l'ai fait parce que je les crois préférables à l'émancipation ; mais c'est à la condition qu'elles seront appliquées avec impartialité, avec cet esprit de sagesse qui peut en assurer les avantages. »

M. Clay (3) : « Je reproche à l'adresse, lorsqu'elle proclame l'exécution de la loi de juillet en ce qui touche les points qui favorisent les esclaves, de n'avoir point

(1) Séance du 16 juillet 1847.
(2) Séance du 20 juillet.
(3) Séance du 21 juin.

réclamé son exécution pour les engagements de cinq ans, auxquels les affranchis devraient être soumis, et pour toutes les autres parties de la loi favorables aux maîtres, et qui sont mises en oubli. Je ne pense pas qu'une semblable demande, placée dans l'adresse, puisse paraître hostile. Le gouvernement ne saurait s'offenser que nous l'invitions à l'exécution complète des lois qu'il a faites lui-même. »

M. Desvouves propose, par un amendement, de déclarer que le conseil colonial continuera à prêter au gouvernement, pour l'exécution des lois de juillet 1845, un concours franc et résolu.

M. J. Vergeron recommande l'exécution des lois de juillet 1845, lois qui, par des essais, des *préparations*, ont pour but de rendre moins pénibles, moins fâcheuses les transformations sociales qui menacent les colonies (1).

M. Sidney Daney : « Pouvons-nous être blâmés, nous sur qui pèse la haute responsabilité de l'avenir de la Martinique, de résister à une réforme profonde, radicale, et qui doit changer entièrement la face du pays (2)? »

M. Sidney Daney se prononce en faveur des mesures préparatoires et progressives.

(1) Séance du 24 juin.
(2) Séance du 14 juillet 1847.

M. le procureur général de la Martinique (1) :

« Nous avons dit, et nous répétons, que la pensée d'une spoliation nous paraît incompatible avec les idées qui dominent tous les hommes d'état de la France, tout ce qu'elle a d'hommes à esprit élevé et à cœur généreux. Mais, pour arriver à l'indemnité, trois cents millions seraient nécessaires, et la position de la France ne lui permet pas un semblable sacrifice. Ce que je vous disais l'année dernière à ce sujet a été pleinement confirmé par les paroles prononcées par M. le ministre de la marine à la séance de la Chambre des pairs du 26 mars dernier. Les 300,000,000 seraient-ils là, les verrait-on déposés dans les caisses du trésor, *je n'hésiterais pas encore à me prononcer contre une mesure générale et immédiate.* D'accord avec tous les hommes sages et prudents, d'accord avec tous ceux qui ont pu pénétrer dans les secrets de la vie coloniale, nous n'hésiterions pas à dire au gouvernement du roi : « Gardez-vous de jeter » à pleines mains la liberté à des populations *qui n'y* » *sont pas préparées;* songez à l'ivresse, à la fièvre qui » seraient la suite nécessaire de ce grand événement; » songez bien à tous les désordres qui sortiraient d'un » pareil état de choses : songez à toutes les conséquences » funestes qu'il y aurait sur le sort des blancs, que vous » ne pouvez perdre de vue; sur le sort des esclaves, qui » seraient tout aussi malheureux. » Mais, entre cette

(1) Séances des 21 et 24 juin 1847.

mesure et le *statu quo*, la loi de juillet, que je continue de regarder comme la plus belle conception qui, depuis trente ans, soit sortie de nos grandes assemblées politiques, se présente comme une belle transaction, comme o nnant la solution de la grande et difficile question qui depuis trois mille ans préoccupe le monde.

» C'est à cette loi, Messieurs, que les colonies doivent s'attacher, comme à la seule chose qui peut les sauver. Leur plus sage, comme leur plus féconde politique, c'est de s'attacher franchement à cette grande œuvre par le concours le plus actif et le plus franc. En proclamant votre résolution sur ce point, en prouvant que, depuis la promulgation de loi, vous n'avez oublié aucune de ses prescriptions, en repoussant ainsi les attaques dirigées contre vous, vous répondez à la fois avec force et dignité.

» Le principal objet de la loi du 18 juillet est la constitution du rachat à l'aide du pécule, accompagné de l'organisation du travail régulier. Dès qu'un doute sur la durée de cette loi se présentera, quel effet produira-t-il sur ces hommes qu'on enlèvera à l'ordre et au travail en leur disant :

« Ne vous occupez plus de votre pécule, ne vous oc-
» cupez plus de votre rachat, parce que des lois nou-
» velles vont être faites, parce que la liberté va vous
» arriver. »

» Pour contenir ces masses, que nous sentons déjà remuer, il faut, avant tout, la conviction établie de la durée des lois de juillet. »

M. Hayot, rapporteur de l'adresse au roi (1) :

« Il ne nous est pas permis de rester indécis plus long-temps, et lorsque les autres colonies ont déjà fait des manifestations très graves, il est de notre devoir de nous prononcer sans délai, et de prendre une attitude, sinon aussi tranchée, aussi avancée que celle de la Guadeloupe, du moins plus prudente et peut-être plus utilement progressive.

» L'avenir des colonies est à l'ordre du jour. A cette occasion, tous les conseils coloniaux vont formuler une politique. Si je ne me trompe, la colonie la plus voisine a exprimé le vœu d'une émancipation immédiate, Cayenne avait antérieurement pris l'initiative dans le même sens, Bourbon est encore indécise entre deux opinions émises par ses deux délégués, l'émancipation immédiate ou le maintien des lois de juillet (2). Il est urgent que la Martinique se prononce, si elle veut conserver sa part d'influence sur les événements importants qui se préparent ; il est urgent qu'elle exprime sa pensée sur la situation actuelle et sur l'avenir de cette grande question, dans un manifeste spécial, et d'une manière plus explicite que nous ne l'avons fait dans notre adresse en réponse au discours d'ouverture de la session.

» Dirons-nous comme la Guadeloupe, en nous laissant entraîner à un sentiment que je conçois parfaitement ;

(1) Séance du 17 juillet 1847.

(2) La colonie de Bourbon s'est prononcée contre l'émancipation immédiate, pour l'exécution des lois de juillet.

dirons-nous : L'ancien édifice colonial n'existe plus, les lois de juillet l'ont brisé, elles ont bouleversé toute notre organisation sociale ? Cette loi nous ne voulons pas la subir ; nous ne voulons pas admettre ce moyen terme, insupportable pour le maître et qui ne satisfait aucune partie de la population.

» Nous préférons l'émancipation immédiate.

» Dirons-nous, au contraire : Les lois de juillet renferment une solution satisfaisante et définitive de la situation, nous les acceptons sans aucune restriction, nous en demandons le maintien ? Tel est le problème que nous avons à résoudre.

» Permettez-moi, Messieurs, de vous exprimer une pensée personnelle sur ces lois de juillet, auxquelles il s'agit, par hypothèse, de se rattacher.

» Dès le moment qu'elles ont été votées, je les ai examinées au point de vuc de la propriété coloniale et au point de vue de la question d'humanité, et je déclare que je les ai acceptées comme la meilleure solution de la question de l'émancipation. Cette solution m'a paru définitive, car le gouvernement, en présentant les lois, avait manifesté l'opinion qu'elles devaient suffire pour le présent et pour l'avenir. La Chambre des pairs en les votant avait exprimé la pensée qu'elles étaient destinées à une longue durée. La Chambre des députés seule trouvait que les lois de juillet ne faisaient pas au progrès une part assez large.

» Au sein de cette même chambre récemment les lois de juillet viennent d'être attaquées très vivement comme insuffisantes, mais au point de vue seulement qu'elles n'étaient point exécutées. Ces attaques ont été l'occasion de calomnies que je déplore autant que qui que ce soit, mais dont je veux tirer parti, en prouvant que les colonies n'ont pas pris l'attitude qu'on leur suppose; en déclarant que les lois sont acceptées, sont exécutées, qu'elles auront toute la portée que le législateur avait eu l'intention de leur donner, et que par conséquent elles sont suffisantes. Il est tellement vrai que la Chambre est prête à accepter la conservation des lois de juillet, que la commission, dans son rapport sur les pétitions d'avril, a proclamé que la Chambre ne voulait qu'une chose, n'avait qu'un but, qui était de prêter au gouvernement sa force pour l'exécution de la loi. Elle n'en voulait donc pas l'abrogation.

« Ainsi, au milieu de ces passions soulevées contre les colonies dans ces séances tumultueuses, la seule expression légale du vote de la Chambre a été le respect des lois de juillet, leur maintien et la force prêtée au pouvoir exécutif à leur occasion. N'est-ce pas une démonstration évidente que nous devons nous rattacher à ces lois ? Au lieu de prendre ce parti, serait-il sage de s'abandonner au désespoir et de se lancer dans les témérités d'une œuvre subite ? Vous ne le penserez pas. Suivant moi, toute assemblée doit avoir une politique. Vous en aviez une, Messieurs, lorsqu'en présence de changements *projetés seulement*, vous disiez : Ce qui existe est bon; nos institutions ne méritent point les attaques que l'on dirige contre elles ; tout ce qu'on propose pour les remplacer ne les vaut pas. Nous demandons le maintien de ce qui existe. Vous aviez pour vous alors la puissance du raisonnement et celle des faits. Votre politique conservatrice n'était pas sans vie , quoique opposée aux changements , parce que la question était de savoir s'il convenait ou non de toucher aux institutions coloniales.

» Mais du jour où les lois de juillet ont tranché la question , quels que soient vos regrets à cet égard , la même politique ne répond plus à la question telle qu'elle est posée , au principe novateur qui a été admis. Subir sans intervenir n'est point une politique. Ce mot emporte la pensée d'une action , d'un mouvement qui puisse influer sur les événements , et non pas d'un rôle inerte et passif. Alors , sans déserter votre politique précédente , qui convenait à d'autres circonstances , il faut en choisir une nouvelle. Il faut nécessairement entrer dans les voies d'exécution : il ne reste plus que le choix des moyens.

» La question se présente donc comme je l'ai posée déjà : *Devons-nous accepter les lois de juillet , nous rattacher à elles , ou demander l'émancipation immédiate ?*

» Quant à moi, je pense, et je l'ai déjà indiqué, que le premier système est celui qui convient aux intérêts les mieux entendus des colonies ; il doit donc devenir notre politique.

» C'est ce qui fait l'objet de ma première proposition. Par elle j'engage le conseil à s'emparer des lois de juillet et à demander franchement leur exécution : car

avec elles vous pouvez espérer l'émancipation, complé-
tée par toutes les mesures qui l'accompagnent dans ces
lois, exécutée sans secousse, sans précipitation et sans
nous aventurer au milieu des hasards et des *témérités*,
comme les colonies nos sœurs semblent décidées à le
faire (1).

» Si vous acceptez ce système, Messieurs, remar-
quez quel sera l'avantage de votre position : en vous
rattachant aux lois de juillet, vous vous appuyez sur
une force que vous pouvez apprécier, puisqu'elle existe;
qui est capable de vous soutenir, puisqu'elle émane des
trois pouvoirs de l'état. Vous avez pour auxiliaire puissant le gouvernement du roi, avec lequel vous marchez
d'accord désormais.

» L'autre politique, au contraire, est dépourvue de
bases certaines; elle marche à l'encontre des vues du
gouvernement, qui n'est point prêt; elle provoque une
mesure imprévue, prématurée.

» Avec cette dernière politique où sont les garanties
du travail, des habitudes d'ordre, au sein de la liberté? Mais, les lois de juillet exécutées par le gouvernement et le concours des colonies, toutes les garanties
existent.

» Si vous partagez mes convictions à cet égard,
Messieurs, la Martinique n'a plus un moment à perdre
pour manifester ses convictions; elle doit se hâter de
placer sa politique à côté de celle de la Guadeloupe et

(1) Comme pis-aller, en désespoir de cause, et dans le cas seulement où les lois de juillet ne seraient pas exécutées.

de Cayenne, pour en balancer les influences dans la métropole ; elle doit se presser surtout d'éclairer, s'il en est temps encore, les résolutions encore indécises de Bourbon. Mais ne perdez pas de vue, Messieurs, que pour que votre adresse ait un résultat probable à obtenir il faut qu'elle se montre entourée des conditions qui seules peuvent la recommander ; il faut qu'elle comporte de la vie, du mouvement, quelque chose qui se mette en harmonie avec l'opinion publique. Alors votre politique, mise en avant par vos mandataires, par les journaux soutenus par le gouvernement du roi, ira vaincre les préventions qui se sont élevées contre les lois de juillet. On dira en France : Ces lois sont bonnes, elles ont un effet assuré, elles sont suffisantes ; il n'est plus besoin de penser à autre chose, puisque les colons eux-mêmes ont promis leurs concours et demandé l'exécution franche et entière.

» Voilà, Messieurs, les idées qui ont accompagné, dans mon esprit, la proposition que je vous ai soumise. Avec ces convictions qui m'animent je m'estimerai trop heureux si j'ai pu vous mettre sur la voie d'une résolution qui me semble devoir faciliter la métamorphose de la société coloniale. »

Le discours si sensé, si éclairé, de M. Hayot, a reçu l'assentiment unanime du conseil colonial. Aussi le conseil a adopté la politique sage qu'il lui conseillait, et l'a proclamée dans son adresse au roi du 23 juillet 1847.

« SIRE ,

» Les lois des 18 et 19 juillet 1845 ont ouvert la voie à la transformation coloniale. Elles ont promis aux esclaves une liberté progressive, aux maîtres le maintien de l'ordre et du travail.

» Sire, *la colonie de la Martinique ne sait pas lutter contre les lois du royaume, et elle croit aux promesses de la France.*

» Nous avons concouru franchement et généreusement aux décrets que nous avaient confiés ces lois libérales.

» A notre tour, nous attendons la réalisation des promesses faites au travail.

» Toutes les dispositions des lois de juillet favorables aux esclaves reçoivent un large développement : ils ont la plupart des droits des hommes libres. Un pécule légalement constitué et des fonds votés annuellement par la métropole les mènent à une liberté plus rapide que l'on ne semble le croire.

» Jusqu'ici, c'est sans aucun succès que nous avons sollicité le gouvernement à tenir la main aux engagements que la loi exige des affranchis, à fonder des ateliers de discipline et de travail, à ouvrir la colonie aux immigrations, mesures garanties cependant par les lois de juillet, et qui doivent créer le travail à côté de la liberté.

» En même temps, de mauvaises passions n'ont pas

cessé d'employer la calomnie et des excitations odieuses, pour faire expirer dans le désespoir notre courage et notre sagesse.

» Si nous supportons et si nous sommes décidés à supporter de telles difficultés, c'est que nous avons toute confiance dans le gouvernement : il ne veut sans doute pas fonder la liberté seule, il veillera aussi à constituer le travail.

» Mais il est temps que l'élan soit donné à ces idées organisatrices! Il est temps que nous sortions de l'agonie où nous jette cette exécution partielle des lois de juillet!

» La colonie de la Martinique prie Votre Majesté de vouloir bien garantir le maintien de ces lois et en assurer l'exécution entière par des mesures ayant pour but de créer le travail libre.

» Nous demandons que les fonds votés pour l'introduction des travailleurs européens soient mis à notre disposition pour l'introduction de travailleurs de toutes nations, surtout d'habitants de Madère et des Canaries, qui semblent les plus propres à supporter notre climat, tout en donnant à nos nouveaux affranchis un exemple influent du travail libre.

» Nous demandons la création des ateliers formant des établissements agricoles où le gouvernement doit nous montrer les fruits du travail salarié. Nous demandons surtout, Sire, que la France encourage la création de nombreux centres industriels autour desquels pourra se grouper le travail des bras libres.

» Nous demandons qu'il soit proposé aux Chambres de voter une somme de cinq millions, qui serait prêtée, aux conditions fixées par le gouvernement, à ceux qui voudraient établir des usines centrales dans cette colonie et dans les endroits indiqués par le Conseil colonial.

» Sire, nous sommes convaincus que le gouvernement de Votre Majesté ne tardera pas davantage de répondre à notre appel.

» Il est digne de la France d'entrer dans cette grande, loyale et politique exécution des lois de juillet. Le pays ouvert aux immigrations, le pays couvert d'usines centrales, en même temps que les affranchissements se multiplient; le travail, de la sorte, réédifié déjà avant d'être détruit : voilà ce que la France a voulu, voilà ce que nous avons accepté.

» Sire, les lois de juillet ainsi comprises et développées peuvent conjurer les dangers du présent et suffire aux besoins de l'avenir.

» Nous sommes avec un profond respect,

» Sire,

» De votre Majesté,

» Les très humbles, très obéissants » et fidèles serviteurs,

» *Le Président du Conseil colonial :*
» Baron DE L'HORME.

» *Les Secrétaires :*
» ASSIER DE POMPIGNAN,
» DULIEU. »

Conseil colonial de Bourbon.

Dans sa dernière adresse, du 21 décembre 1846, le conseil colonial de Bourbon, comme le conseil colonial de la Martinique, tout en se plaignant de la partialité avec laquelle les lois de juillet 1845 sont exécutées, déclare qu'il *n'entend point entrer en lutte avec les idées de la métropole.*

Il rappelle que la tendance, le caractère de ces lois, est de placer les colonies dans un état *intermédiaire*, qui donne à la métropole les enseignements de l'expérience et de la réflexion, et assure aux colonies le *bénéfice du temps.*

Il promet son concours actif pour toutes les mesures ayant pour but, avant de détruire le travail esclave, *d'organiser le travail libre.*

Conseil colonial de la Guadeloupe et de la Guyane française.

Le conseil colonial de la Guadeloupe a déclaré dans son adresse au roi, de juillet dernier, qu'il *voulait marcher dans la voie de l'émancipation*, et a nommé une commission chargée de préparer un plan.

Le conseil colonial de la Guyane a déclaré aussi dans son adresse au gouverneur, du 30 août : » qu'il se fai-
» sait un devoir d'examiner, avec tout le soin que ré-
» clame une aussi importante question, si le moment

» n'est pas venu pour la Guyane d'entrer *activemént*
» dans la voie de la grande réforme qui se prépare. »

Comment ces deux conseils coloniaux ont-ils été
amenés . . . . *à marcher activement dans la voie de
l'émancipation?*

Le conseil colonial de la Guyane le déclare franchement :

« Les modifications apportées dans le régime de
l'esclavage (par la loi du 18 juillet 1845) avaient été
reçues, à la Guyane française, avec cet esprit de mo-
dération qui anime toutes les parties de la population.

» Sous l'empire de cette croyance que les institutions
nouvelles seraient de *quelque durée*, déjà de nombreux
efforts avaient été faits et des capitaux considérables
étaient engagés dans toutes les branches de l'industrie, lorsque des *événements récents* sont venus fournir la preuve que le système actuel n'avait *aucune
stabilité.* »

Le conseil colonial de la Guadeloupe le déclare avec
une égale franchise :

« La loi du 18 juillet 1845 semblait devoir, pendant
quelques années encore, prémunir les colonies contre de
dangereuses innovations ; mais elle n'a pas répondu aux
exigences toujours croissantes des idées nouvelles.

» Le conseil colonial de la Guadeloupe veut s'associer à la pensée *de la France...*, etc. »

Comme on le voit, les sentiments des conseils coloniaux de la Guadeloupe et de la Guyane, des conseils

coloniaux de la Martinique et de Bourbon, sont identiques.

Les conseils coloniaux de la Guadeloupe et de la Guyane désiraient aussi que les lois des 18 et 19 juillet 1845 eussent de *la durée*, de *la stabilité* ; qu'elles prémunissent pendant quelques années encore les colonies contre de *dangereuses innovations*.

Si les conseils coloniaux de la Guadeloupe et de la Guyane ont abandonné les lois de juillet 1845, c'est qu'ils les ont crues abandonnées par leurs auteurs.

Ils ont pris les vœux de la *Société abolitioniste* pour les vœux de la *France*.

Ils se sont laissé effrayer par des circulaires, par des pétitions, par des discours.

Ils se sont mépris sur la politique du gouvernement et des Chambres ; politique écrite dans les lois des 18 et 19 juillet 1845.

Ils ont soupçonné à tort les Chambres d'instabilité, le gouvernement de faiblesse.

Dès qu'ils auront reconnu leur erreur...,

Ils seront heureux de se rallier à la politique des autres colonies, du gouvernement et des Chambres ; politique modérée, progressive, et qui, seule, peut sauvegarder tous les intérêts, dans le présent et dans l'avenir.

Imprimerie de GUIRAUDET et JOUAUST, 315, rue Saint-Honore.